# 如何令
# 患有自閉症的孩子
# 親吻你

物理治療師 伍敏思分享她的個人經歷。講述她如何用短短5天的時間成功治療一個在過去
3年一直活在自己世界裡拒絕與外界接觸的3歲小朋友 擁抱著親吻他媽媽的有趣過程

伍敏思物理治療師
英國 澳洲 香港註冊

WORKBOOK PRESS LLC
187 E Warm Springs Rd,
Suite B285, Las Vegas, NV 89119, USA

| | |
|---|---|
| Website: | https://workbookpress.com/ |
| Hotline: | 1-888-818-4856 |
| Email: | admin@workbookpress.com |

Ordering Information:
Quantity sales. Special discounts are available on quantity purchases by corporations, associations, and others.
For details, contact the publisher at the address above.

Library of Congress Control Number:
ISBN-13:      978-1-958176-08-5 (Paperback Version)


REV. DATE: 08/04/2022

# 如何令
# 患有自閉症的孩子
# 親吻你

物理治療師 伍敏思分享她的個人經歷。講述她如何用短短5天的時間成功治療一個在過去

3年一直活在自己世界裡拒絕與外界接觸的3歲小朋友 擁抱著親吻她媽媽的有趣過程

你可能會跟我理論，假如這個小男孩能發自內心的親吻媽媽，他又怎會患有自閉症呢？

對！你完全對！我正就是要討論這一點！

以下我向你敍述的正是我的親身經歷。這件事只發生在短短5天的時間。 最有趣的是我甚至令他不服從媽媽的吩咐： 「去，去親吻美莉姨姨 」使我避過了那濕吻的口水。你有所不知了，我是一個很羞怯的人， 對於這些西方禮儀 ，被陌生人獻吻這回事實在不習慣，覺得非常不自在，而他這小朋友當時連我這陌生人治療師的感受也察覺到，真了不起。

在我繼續敍述我的故事之前，或者先讓我們討論一下有些什麼好方法能令一個患有自閉症的小男孩去親吻他的媽媽吧。

或者你可以把他催眠，使他服從你的指示，但這樣做法，跟剛才我提及抱著他，強迫他去親吻你的意圖不相伯仲，只是催眠的這個想法是意識型態上的強迫，之前的是行動上的強迫而已。

重點是，你先要令小男孩跟你有眼神交流，才可以催眠他嘛，如何令他與你有溝通跟著你的指示行事才是困難所在！


讓我們從新開始，究竟怎樣可以令這患有自閉症的小男孩走出困著自己的自閉症才是問題的焦點。事實上當時我只用了5天時間就實現了這個想法，其實應該可以更快，可能只需3天。且讓我告訴你為什麼我這麼有信心！

大部分患有自閉症的小朋友都是有活在自己的世界裏的傾向，做自己的事，讀自己的書，玩自己的遊戲，大部分時間重覆又重覆的做。他們不會與別人有眼神接觸，包括他的父母及兄弟姊妹，更遑論陌生人如治療師。他們拒絕説話，拒絕溝通，他們有些甚至不肯咀嚼食物。説實在話，有一個患有自閉症的小朋友的家庭實在是頗頭痛的事情。

# 女友人的姨甥 — 小艾頓

天娜，一個我們認識了10年的朋友，有一天，她突然問我，你可以治療自閉症嗎？

她的小姨甥還有幾個月就3歲了，醫生確診他患有自閉症。 他甚少說話，對周圍環境似乎都不感興趣。開始時，他們以為小孩聽力有問題，但聽力測試完全正常。 況且大聲點的時候他會好像受驚點的，所以聽力是沒有問題的。另外他拒絕咀嚼食物。說實在話，有一個患有自閉症的小朋友的家庭實在是頭痛的事情。

哈里，艾頓的爸爸當還是艾頓的年紀時也是這樣的。嫲嫲這樣憶述。故此爸爸只好很細心的把食物磨成糊狀讓艾頓吃，只希望當艾頓長大點後這些怪現象會自動消失吧！

當有其他的家庭聚會，艾頓完全不理會其他小朋友，完全不合群的，這令爸爸媽媽感到非常困擾。有些親戚甚至很不客氣的問他是否聽力有問題，甚至問他是不是啞的。因為小艾頓完全不說話及好像對周圍環境絕緣似的完全沒有反應。故此他們盡量避免出席這些親戚聚會，亦令他們更感孤立。

這個問題現在變得更白熱化，因為艾頓快3歲了，他需要讀幼兒班，但當每次幼兒班面試時，他的這些完全不合群，拒絕說話等的舉動，沒有一間幼兒中心願意取錄他。

最後，幾經辛苦，由朋友轉介及給學校捐款，才很勉強的給小艾頓安排入讀幼兒班。但情況並不怎樣樂觀，因為臨近聖誕節，學校的主任老師跟艾頓媽媽愛迪說，請不要帶艾頓參加學校的聖誕派對，因為老師不希望艾頓的行為影響了其他同學於聖誕派對的氣氛。愛迪對於主任老師的提議感到十分不高興。這個比建議她不要出席公司的聯歡派對還要來得嚴重。那天回到家跟丈夫哈里兩人哭了一整晚。

這終於到了一個臨介點 — 他們不得不正視這問題的緊迫性，他們再不能等過些時間讓這問題自動消失了。

# 決定尋求專業協助

於是他們開始周圍問身邊朋友，在谷歌上網尋找資料。而於當時 2012 年，他們可以尋找得的資料實在非常有限。

天娜於是向我求助。我建議他們帶艾頓求見我吧。因為對於治療自閉症的小朋友及其他兒科的問題我都有經驗而且成績裴然。.

2012 年我在香港的私家物理治療診所的業務非常忙碌。在香港這人口十分密集，擁有6百多萬人的彈丸之地，開立私家診所，你可以想像我每天會接收很多臨臨種種的病人。而我亦非常幸運把診所設立於全香港最頂尖的醫療樓層，有名的 中建大廈。 所有人都會認為一個醫生或治療能打進這顯赫的醫務大樓，在這裡開立診所，你一定十分有分量，要不是著名的大學教授，就一定是某著名醫療機構的主幹人物。總之，一定不是等閒之輩。所以作為一個物理治療師可以立足於這名廈達20年之久，你可以想像我的地位是非常崇高的。 由於這個緣故，每天我會遇到很多於其他地方求醫無效的奇難雜症去叩我門尋求解決方案的。 機緣巧合，我亦因此接觸到很多於傳統醫學沒法醫治或暫時未有解決方案的症候群 *。 所以在小艾頓找我之前，我是成功醫治過好幾個不同程度的自閉兒童。但未有一個如小艾頓這般嚴重！

到此為止，我相信你現在應該可以想像到我是怎樣的一個富有經驗，能在一間租金高昂的醫療名廈設立獨立私人診所達20年之久的一個專業物理治療師，我絕不是一個幫病人活動一下關節或放一個微型電機去放止痛貼，又或是掀著你的手扶你學走路的普通物理治療師。

我專向困難挑戰，越是難度高的，我越感興趣。例如，我曾經成功把一隻工業意外割入電据，令兩只手指斷離的左掌成功用一個半月的時間把這手掌治療達100% 完美復合，令病人可以回復當裝修工人，因正常情況下，這是永久傷殘的。 另外我令一個6歲，就讀盲人學較的小男孩，因幾個月大時受到腦創傷而只剩得百分之十的視力，經兩個月微電治療而完全康復，無論視力，智力都回復正常。

所以當天娜向我提到她小姨甥的情況，我感到非常雀躍。 對於能夠經我的治療而改變別人的人生，我覺得是非常有意義的事情。 但不知何故，愛迪總是不帶小艾頓來見我，而寧願去尋求其他方案，我真是百思不得其解。我想大概是因為我是天娜的朋友吧。

## * 我過往的輝煌成績

*    我曾經醫好兩兄弟的怪病。大的哥哥18歲，弟弟13歲。兩人都由小至大患有小便失禁，當然嘗試無數方法，服藥，電療，針灸。可以試的差不多全都試了。但都無效。我用微電治療，經10天/10次的療程，哥哥醫好了一 白天及晚上都可以完全控制，而弟弟則需要30天療程才完全康復。

*

*    很偶然的發現我可以把女士下垂的乳房提升。事緣有一位國泰航空的空中服務員因工傷到我診所求醫。 因為在飛行期間遇到氣流，而一個沒有上好鎖的餐車突然猛力飛向她，她走避不及，撞向她一邊胸部。於是醫生轉介她到我醫務所做物理治療。第二天卻發覺經治療後的胸部明顯提升了很多。故此這方法能為有需要的女士提供一個快捷有效，又無副作用的胸部提升法。

*    我可以用短短12分鐘矯正脊柱的弧度。嚴重的脊柱側彎需要10天去矯正。這方法可免卻手術的風險。

*    我用短短15日的時間把嚴重灼傷的手臂醫好，避過要接受植皮手術及細菌感染的風險。

*    我亦令超過10年禿頭的男士於10天內成功長滿頭髮，

## 針灸 — 舌針

**他們** 帶艾頓去接受舌針治療，把尖針放於舌頭上。請不要誤會，我完全沒有意圖去輕視其他治療方法，或意圖評論他法的有效性。 對於我來說，所有有效的方法都是好的。但我無論如何都不能想像，他們怎可能令一個3歲的小朋友跟你合作，打開他的小口，伸出舌頭，成功讓你把尖針刺進他敏感的舌頭上，讓針停在舌上而不反抗。不可思議！

# 我是如何令小艾頓親吻他媽媽的咀唇

**終於**幾星期後，有一天哈里抱著他3歲半的小艾頓出現在我醫務所。 你可以想像小艾頓的恐懼。又進入另一間醫務所，又不知道今次他們又會向他進行什麼治療。對於一個患有自閉症的小朋友，這些舉動尤其令他感到恐懼，究竟他們今次又會把那些尖針刺向身體那裏呢？

他唯一可以做的就是用他最大聲最高音的方法尖叫，以及試圖爭扎去逃離這又一個恐怖的地方。

我先向爸爸哈里解釋我將會做些什麼。我著哈里把小艾頓放在治療牀上。但因之前舌針的經歷，為免小艾頓逃掉，哈里很純熟的爬上牀騎在小艾頓身上用手按着他的頭，讓我用連接著治療機的兩支治療棒在小艾頓的額頭上輕輕打圈。

說真的，這其實是一個非常舒服的治療方法，完全沒有痛的。我只是輕輕的把沾濕了的棉棒，帶有微電的電棒在小艾頓的額頭上，一頭順時針方向，一頭反時針方面的輕輕轉動。但無論我做什麼，那20分鐘的療程當中，小艾頓只顧著把眼睛緊閉，然後用盡他最大的力氣尖叫。

於這情況，我完全想不出任何方法去請求小艾頓不要這樣尖叫。正常情形下，假如我可以跟病人溝通，我會要求他靜下來，或者最低限度，不要叫得那麼大聲。那20分鐘的尖叫真的非常影響其他的醫務所。再這樣天天的尖叫下去，我真擔心有一天會被停止我的租約哩！想想，20 分鐘的大聲尖叫，的確嚇人的。

噢，我忘了提及，這是一個為期連續10天的療程，亦即是說惡夢只剛剛開始，還有9次治療哩！

但第5天奇蹟出現了。 小艾頓昂然濶步很神氣的自己走進我的醫務所，不再讓他爸爸抱。其實3歲半的艾頓生得頗高大，讓爸爸抱著看來有點怪的。 他很純熟的自己爬上高高的治療床，把頭放在枕頭上，看似很期待一些很舒服的過程似的！

於是我也二話不說，襯他心情還十分好之際立即進行治療。 我相信你還記得，我是用兩支治療棒在艾頓的小額頭上互相順時針及反時針的轉動。 艾頓則眼仔碌碌的跟著治療棒的行走方向轉動。我真希望我當時有把這個得意的情景紀錄下來，

由於小艾頓看來非常享受及响往這治療。 爸爸哈里也就只站在一旁觀看而毋須再騎上小艾頓身上按著他了。

正當小艾頓很忙碌地用眼睛跟着額頭上治療棒轉動之際，他突然間停下來，坐起身。因為他聽到媽媽愛迪正踏入醫務所，進入我們治療室所在。

這是一個你一定不會忘記的情景，每次我提起這段治療過程，都會再浮現這難忘的一刻！

## 小艾頓打開雙臂去擁抱著媽媽，把他的小咀唇迎上媽媽的唇上

愛廸喜出望外的滿臉淚水向小艾頓提示：你也給美莉姨姨一個吻吧！好像她要把這個喜悅也分享給我似的。

當時我在想，噢，不用了。對於陌生男孩的咀對咀吻我實在不習慣。當然，我沒有宣之於口的向這感人的一刻撥冷水。 但我的這個不用了的念頭一定已在空氣中傳播了出去。

然後非常神奇地小艾頓與我四目交投，好像已領悟我心裏所想，跟著輕輕的在我臉上揩了一下。 太可愛了！

到這時候，我知道小艾頓已再不是一個患有自閉症的小孩了！ 你同意嗎？

# 自此改變一生

**説**句實話，我對於今次的這成就感到非常高興。因為我覺得我真的改變了這小男孩的一生。

小艾頓繼續他餘下5次的治療，每次都有進展，當然亦沒有之前幾次的尖叫了，終於也總算令我放心下來。 他之後持續與別人說話的時候有眼神接觸，亦開始多説話。有表現開心的表情。個人開朗了，說話時也面帶笑容。

説真心話，我覺得我連小艾頓的爸爸媽媽的生活也改善了！ 記得5年後在街上碰見愛迪，她由一個愁眉苦臉的婦人變成一個很開心年輕人。真替她們高興！

我還記得經過那幕擁抱接吻情景，我興高采烈的向愛迪提出，要做一個專訪登在報紙專欄，好讓多些人認識這自閉症的治療。但愛迪非常害怕的躲進了枱底。懇切的要求我不要做。就算我説不用真名，沒有圖片.也不能。

當然我亦尊重她的意見，沒有做這個報紙專訪，因明白他們對於親朋戚友間的壓力非常敏感。

我希望這本書可以帶出一個訊息，給一個在傳統醫學上還未找到根治方法之時，可以嘗試這非傳統的，非侵入性，沒有副作用，效果快的治療法。 可以改變更多更多的自閉兒童的人生！

—完—

讓我瞪清……
這本書所提及的所有名字都不是真實的。

如果你對於本書的內容或所提及的治療有什麼疑問，請電郵至 ngmilly@gmail.com. 伍敏思物理治療師會盡量為你解答。

你亦可參考以下website
www.bodyrejuvenationsystem.com

我會繼續寫更多的這類個案與大家分享，希望你留意及給我意見，讓我改善！亦希望你能加入我們的討論群組，讓更多人認識這新的治療方法，令世界更美好！

伍敏思物理治療師
2018 年

# 感謝詞

我一直對於過去25年我所治療過的病人對我的信任及支持，給予我無限靈感，中肯的意見，令我成功從一個物理治療師進化至一個微電再生治療專家，深懷感恩！他們一直都擔心，當有一天我停止工作，這特別的治療方法便會隨著我而消失！ 請勿擔心，繼這本書出版之後，我會於網上教授，設立視頻訓練課程，繼續寫書。我希望這是全球性的，遍及不同種族，不同語言的人類，就像互聯網一樣的普及。這只是一個開始！。請支持我！在亞馬遜上及社交媒體上留言，給予我寶貴意見，謝謝你！

我特別要向我的導師，微電的發明家Thomas Wing 醫生致敬。自1992 年成為我的導師以來，他不斷給我的鼓勵及提點，我都深深體會及感恩。很遺憾，Dr. Wing 於2013 年已去世，享年94歲！
另一位十分重要的人物於1994年，我早期開業時給予我啟蒙的是一位剛膝部受傷的25歲銀行家。是他告訴我，那微電流給予他的針刺感覺令他出奇地好轉過來。令我了解微電的特性。 我相信亦因為他的緣故，我第二天就收到滙豐銀行跟我簽了長達近20年的顧員及家屬物理治療合約，直至 2013 年滙豐取消了這顧員優惠為止。

另一位舉足輕重要感謝的是梁先生，一位後期給予我無限靈感及令我對微電充滿無比信心，致令我於不同領域，如頭髮生長，恢復聽力，改善耳鳴，矯正變型關節等有更大發展空間。 梁先生是一位裝修工人，於一個工業意外，左手攪入電據，致令中指及無名指於近手掌處斷離。是他堅強的意志力及信心及忍痛的能耐，令他於一個半月的時間，得到100 % 的復原，像沒有受過傷一樣。 看見這成效，我不能不信只要你有信心，微電是可以令你的身體完全修復的。只要你允許。自此之後，我研發了很多不同的治療方法，因意識到就算是斷骨，軟骨磨掉，神經線，血管完全斷開，筋肌斷掉，只要你有信心，有恆心，有耐性及意志力，仍然可以有100%復原的可能的。我亦因而引申訂立了不同的策略去改變拇指外翻矯正，矯正脊椎側彎，矯正髖關節，膝關節等，令軟骨重生。使病人可以毋須接受關節置換手術而回復正常！

伍敏思謹上
2018

**相關網址**

www.bodyrejuvenationsystem.com

# 一封特別寫給你的信

真高興你終於讀完這本有關小艾頓如何於短短5天接受這特別的微電治療後走出困擾了他及他家人3年的自閉症陰影！

我希望通過這本書能喚醒社會上對於自閉症這題目不再覺得遙不可及，而會去探討及嘗試其他的方向，例如這純天然，沒有副作用，沒有創傷性的BRS微電治療法！

伍敏思對於治療不同年紀，不同程度的自閉症頗有經驗。

她曾經治療一個患有高功能自閉症的 15歲少年。在家他甚少跟媽媽説話，但在我醫務所治療期間他卻口若懸河，滔滔不絕。 最有趣的是當我停止把兩支治療棒在他額頭上打圈之時，他會立即停止説話，但當我再繼續打圈，他又會繼續高談濶論下去。 就好像錄音機的開關掣似的。 我還記得有一天他到我醫務所進行治療，那天我告訴他我將會放假，到佛羅里達州西岸的Tampa坦帕旅行，這15歲的男生就像誦讀百科全書一樣把坦帕的不同氣候環境的天氣，降雨量，坦帕的人口，經濟，生產總值等及坦帕有什麼著名景點，都一一敘述，差點比百科全書還要詳細，簡直不可思議！

還有另一個有趣的個案，是一個從三藩市來香港探親患有川崎症的9歲女孩。她的症狀跟自閉症某些地方十分相似。 這也是一個 10 天療程。治療後第二天，我問同行的家人，效果怎樣。他們異口同聲説，爺爺最開心！哈哈，又很特別啊！為什麼治療他的孫女，他會有這麼大感受呢？ 原來治療前，這9歲長得頗高大的女孩，當與家人一起出外用膳時，總是用手去取食物放進口而棄用刀叉或筷子。 試想像，當所有人都穿戴整齊漂亮在五星酒店的高級餐廳用膳，卻看見一個很斯文的女孩從碟上拿起食物如飯或意粉的時候，一定覺得很怪。但自從當天治療後，她卻好像突然開竅似的，9年來第一次自動自覺的拿起刀叉進食。就好像那一次微電治療令她察覺到自己行為上的與眾不同，在這個細微的動作上作出改善。

自閉症是其中一個典型例子，其實還有很多其他疾病及症候羣都是傳統醫學感到束手無策，未有解決方案的，都不是一粒藥丸一粒仙單，或一個切除，一個關節置換手術就所有問題都迎迎刃而解的。 我希望醫學界會正視這問題，去探討，研究這通過引進微電去標

靶受傷細胞而進行修復。 這個嘗試沒有不良影響，不會如藥物般會上癮，因為就是我們身體裏正運行的電流，故此完全沒有副作用。 有效，當然好！沒效嘛，也沒有大不了。總算試過了！

要擴廣這特別的 BRS 微電治療法, 我需要大量製造這 BRS 微電治療機。那麼有興趣的學的醫生或治療師才有儀器去練習，總不成紙上談兵的，要有實際行動才能成功。 於是自 2012 年當原本在南加州一直替我生產這醫療機的工廠因為美國食物及藥管制局的嚴厲措施，不停的查廠，監察他們的生產過程，令廠東煩不勝煩，於是決定停產。經過很多書信來往，電郵及幾次親訪遊說都無效。甚至他們要我簽協議書，生產的醫療機不能在美國本土銷售，我都答應了。最後都是拒絕了我的生產要求。 沒辦法底下，我只好自己去物式廠商，自行製造好了。我走遍美國，英國，中國去找廠商。 其中我接觸到一間在美國數一數二的大廠，他們有生產家用式小機，亦有專業用的多功能組合機。於是我著負責人把不同的機種拿出來給我一一試用。因為我知道微電的功效是即時顯現的，於是我問，你們有沒有什麼受傷有問題的地方呢？剛好負責人的手掌有一條很深的疤痕，正好用來測試。但用他的專業組合機試，一點反應也沒有。於是我二話不說，走到停車場從車上拿出自己隨身帶備的微電機來。一試之下，功效立現，他的疤痕感到尖針的刺痛。之後，厚厚的疤痕亦軟了下來。 故此我亦立即知道他們的專業組合機並未能達到我的要求！

很幸運直至2018年，我的女友人告訴我，她丈夫的舊同事陳先生可能可以幫我。 幾經波折，終於這部製成品面世，亦通過 SGS 嚴格測試，及於2021 年 11 月取得美國食物及藥品管制局的註冊，可以在美國本土及全球推廣及銷售。

伍敏思亦於 2021 年把醫務所從香港搬往南加州，地址如下：

HUNTINGTON BODY REJUVENATION CENTRE
289 W HUNTINGTON DR
SUITE 204
ARCADIA. CA 91007

電話: 1(626)461-5084 (直線)
1(562)298-8766 (WhatsApp)

在這裏你可以試機及直接購買。又或者假如不方便親臨敝診所，亦可經網站或電郵安排付款及送貨，從視頻逐步逐步的學習。

如有任何查詢，請直接透過電話或電郵向伍敏思查詢，她會非常樂意為你解答！

我希望透過這個訊息，可以令全世界的人得到減除痛苦，克服他們身體上的殘疾，享受美好的人生。尤其是現在疫症蔓延期間，對於未能方便去醫院或診所進行治療的人士，可以給予他們在家繼續治療的選擇。

我再一次感謝你的支持及祝你身體健康，快樂！

伍敏思謹上
美國加州肯廷頓身體復康中心
2022 年2月

www.ingramcontent.com/pod-product-compliance
Lightning Source LLC
Chambersburg PA
CBHW040902120626
46551CB00001B/127